Impressum
Verlag: BABADADA GmbH, Nedderfeld 112 , 22529 Hamburg
Geschäftsführer / Verlagsleitung: Harald Hof
Druck: Books on Demand GmbH, In de Tarpen 42, 22848 Norderstedt

Imprint
Publisher: BABADADA GmbH, Nedderfeld 112 , 22529 Hamburg, Germany
Managing Director / Publishing direction: Harald Hof
Print: Books on Demand GmbH, In de Tarpen 42, 22848 Norderstedt, Germany

dividera
除

$186/2$

tavla
黑板

klassrum
教室

skolgård
校园

lärare
老师

papper
纸

skriva
书写

penna
钢笔

skrivbord
办公桌

linjal
直尺

bok
书

elev
学生

skolväska

书包

pennfodral

铅笔盒

blyertspenna

铅笔

pennvässare

卷笔刀

suddgummi

橡皮擦

ritblock

画板

teckning

图画

pensel

画笔

målarlåda

颜料盒

sax

剪刀

lim

胶水

övningsbok

练习册

hemläxa

家庭作业

tal

数字

addera

加

subtrahera

减

multiplicera

乘

räkna

计算

bokstav

字母

alfabet

字母表

ord

字

text

课文

läsa

读

krita

粉笔

lektion

上课

register

登记

prov

考试

intyg

证书

skoluniform

校服

utbildning

教育

uppslagsverk

百科全书

universitet

大学

mikroskop

显微镜

karta

地图

papperskorg

废纸筐

hotell
酒店

vandrarhem
青年旅社

växelkontor
外币兑换处

resväska
手提箱

bil
汽车

språk
语言

ja / nej
是/否

Okay
好的

hej
您好

översättare
翻译员

Tack
谢谢

hur mycket kostar...?

......多少钱？

jag förstår inte

我不明白

problem

问题

God kväll!

晚上好！

God morgon!

早上好！

God natt!

晚安！

hejdå

再见

riktning

方向

bagage

行李

väska

包

ryggsäck

双肩包

gäst

客人

rum

房间

sovsäck

睡袋

tält

帐篷

turistinformation

旅游信息

strand

海滩

kreditkort

信用卡

frukost

早餐

lunch

午餐

middag

晚餐

biljett

票

hiss

电梯

frimärke

邮票

gräns

边界

tull

海关

ambassad

大使馆

visum

签证

pass

护照

flygplan
飞机

fartyg
船

brandbil
消防车

buss
公交车

lastbil
卡车

motorbåt
汽艇

cykel
自行车

bil
汽车

färja

摆渡船

båt

小船

motorcykel

摩托车

polisbil

警车

racerbil

赛车

hyrbil

租车

bilpool

拼车

bärgningsbil

拖车

sopbil

垃圾车

motor

发动机

bränsle

汽油

bensinstation

加油站

vägmärke

交通标志

trafik

交通

bilkö

交通堵塞

parkeringsplats

停车场

tågstation

火车站

räls

轨道

tåg

火车

spårvagn

电车

vagn

货车

helikopter

直升机

flygplats

机场

torn

塔

passagerare

乘客

container

集装箱

kartong

纸板箱

vagn

手推车

korg

篮子

starta / landa

起飞/降落

stad

城市

by

村庄

centrum

市中心

hus

房子

bio
电影院

reklam
广告

gatulampa
路灯

CINEMA

gata
街道

taxi
出租车

fotgängare
行人

kiosk
小吃店

trottoar
人行道

övergångsställe
十字路口

övergångsställe
斑马线

soptunna
垃圾箱

trafikljus
红绿灯

stuga

小屋

lägenhet

公寓

tågstation

火车站

stadshus

市政厅

museum

博物馆

skola

学校

universitet

大学

bank

银行

sjukhus

医院

hotell

酒店

apotek

药房

kontor

办公室

bokhandel

书店

affär

商店

blomsterbutik

花店

stormarknad

超市

marknad

市场

varuhus

百货商店

fiskhandlare

鱼店

köpcentrum

购物中心

hamn

海港

park

公园

bänk

长凳

brygga

桥

trappa

楼梯

tunnelbana

地铁

tunnel

隧道

busshållplats

公交车站

bar

酒吧

restaurang

餐馆

brevlåda

邮筒

gatuskylt

路标

parkeringsautomat

停车计时器

zoo

动物园

simbassäng

游泳馆

moské

清真寺

bondgård

农场

förorening

污染

kyrkogård

墓地

kyrka

教堂

lekplats

操场

tempel

寺庙

landskap

地形

löv
树叶

vägskylt
指示牌

väg
路

äng
草地

sten
石头

träd
树

liftare
徒步旅行者

flod
河

gräs
草

blomma
花

dal

峡谷

kulle

山

sjö

湖

skog

森林

öken

沙漠

vulkan

火山

slott

城堡

regnbåge

彩虹

svamp

蘑菇

palm

棕榈树

mygga

蚊子

fluga

苍蝇

myra

蚂蚁

bi

蜜蜂

spindel

蜘蛛

landskap - 地形

skalbagge

甲虫

groda

青蛙

ekorre

松鼠

igelkott

刺猬

hare

野兔

uggla

猫头鹰

fågel

鸟

svan

天鹅

vildsvin

野猪

rådjur

鹿

älg

麋鹿

damm

水坝

vindkraftverk

风力发电机

solcellspanel

太阳能电池板

klimat

气候

servitör
服务员

meny
菜单

stol
椅子

soppa
汤

pizza
披萨饼

bestick
餐具

bordsduk
桌布

förrätt

前菜

huvudrätt

主菜

dessert

甜点

drycker

饮料

mat

食物

flaska

瓶子

snabbmat

快餐

street food

街边小吃

tekanna

茶壶

sockerskål

糖盒

portion

一份饭菜

espressomaskin

意式咖啡机

barnstol

高脚椅

räkning

账单

bricka

托盘

kniv

刀

gaffel

餐叉

sked

勺子

tesked

茶匙

servett

餐巾

glas

玻璃杯

tallrik

碟子

sopptallrik

汤盘

tefat

碟子

sås

酱

saltkar

盐瓶

pepparkvarn

胡椒磨

vinäger

醋

olja

食用油

kryddor

调味料

ketchup

番茄酱

senap

芥末

majonnäs

蛋黄酱

specialerbjudande
特价

kund
顾客

FOR

mejeriprodukter
乳制品

frukt
水果

varukorg
购物车

charkuteri

肉铺

bageri

面包房

väga

称重

grönsaker

蔬菜

kött

肉

frysta livsmedel

冷冻食品

pålägg

冷盘

konserver

罐头食品

tvättmedel

洗衣粉

godis

甜食

hushållsprodukter

日用品

rengöringsmedel

清洁用品

försäljare

销售员

kassa

收银机

kassör

收银员

inköpslista

购物清单

öppettider

开放时间

plånbok

钱包

kreditkort

信用卡

väska

袋子

plastpåse

塑料袋

vatten

水

juice

果汁

mjölk

牛奶

cola

可乐

vin

红酒

öl

啤酒

alkohol

酒

kakao

可可

te

茶

kaffe

咖啡

espresso

意式浓缩咖啡

cappuccino

卡布奇诺

banan

香蕉

äpple

苹果

apelsin

橙子

melon

西瓜

citron

柠檬

morot

胡萝卜

vitlök

大蒜

bambu

竹子

lök

洋葱

svamp

蘑菇

nötter

坚果

nudlar

面条

spaghetti

意大利面条

ris

米饭

sallad

沙拉

pommes frites

薯条

stekt potatis

炸土豆

pizza

披萨饼

hamburgare

汉堡包

smörgås

三明治

schnitzel

炸猪排

skinka

火腿

salami

萨拉米

korv

香肠

kyckling

鸡肉

stek

烤肉

fisk

鱼

mat - 食物

havregryn

燕麦片

müsli

穆兹利

corntlakes

玉米片

mjöl

面粉

croissant

羊角面包

fralla

面包卷

bröd

面包

rostat bröd

烤面包

kex

饼干

smör

黄油

kvarg

凝乳

kaka

蛋糕

ägg

蛋

stekt ägg

煎蛋

ost

奶酪

glass

冰激凌

socker

糖

honung

蜂蜜

sylt

果酱

nougatkräm

巧克力酱

curry

咖喱饭

lantgård
农舍

ladugård
粮仓

halmbal
稻草捆

fält
田野

häst
马

trailer
拖车

föl
马驹

traktor
拖拉机

åsna
驴

lamm
羔羊

får
羊

get

山羊

ko

奶牛

kalv

牛犊

gris

猪

griskulting

小猪

tjur

公牛

gås

鹅

anka

鸭

kyckling

小鸡

höna

母鸡

tupp

公鸡

råtta

鼠

katt

猫

mus

老鼠

oxe

牛

hund

狗

hundkoja

狗屋

trädgårdsslang

花园浇水软管

vattenkanna

洒水壶

lie

长柄大镰刀

plog

犁

skära

镰刀

hacka

锄头

högaffel

长柄草耙

yxa

斧头

skottkärra

独轮手推车

tråg

饲料槽

mjölkflaska

牛奶罐

säck

麻布袋

staket

栅栏

stall

马厩

växthus

温室

jord

土壤

säd

种子

gödsel

肥料

skördetröska

联合收割机

skörda

收割

skörd

收割

jams

山药

vete

小麦

soja

大豆

potatis

土豆

majs

玉米

raps

油菜籽

fruktträd

果树

maniok

树薯

spannmål

谷物

skorsten
烟囱

tak
屋顶

stuprör
落水管

fönster
窗户

garage
车库

dörrklocka
门铃

dörr
门

soptunna
垃圾桶

brevlåda
信箱

trädgård
花园

vardagsrum

客厅

badrum

浴室

kök

厨房

sovrum

卧室

barnrum

儿童房

matsal

餐厅

golv

地板

vägg

墙壁

tak

吊顶

källare

地窖

bastu

桑拿

balkong

阳台

terrass

露台

bassäng

游泳池

gräsklippare

割草机

lakan

被单

överkast

床罩

säng

床

kvast

扫帚

hink

水桶

strömbrytare

开关

tapet
壁纸

lampa
台灯

bild
照片

hylla
搁架

skåp
橱柜

eldstad
壁炉

TV
电视机

blomma
花

kudde
垫子

soffa
沙发

vas
花瓶

fjärrkontroll
遥控器

matta

地毯

gardin

窗帘

bord

餐桌

stol

椅子

gungstol

摇椅

fåtölj

扶手椅

bok

书

filt

毯子

dekoration

装饰品

vedträ

木柴

film

电影

stereoanläggning

高保真音响

nyckel

钥匙

dagstidning

报纸

målning

油画

poster

海报

radio

收音机

anteckningsbok

笔记本

dammsugare

吸尘器

kaktus

仙人掌

stearinljus

蜡烛

mikrovågsugn
微波炉

kylskåp
冰箱

köksvåg
厨房秤

brödrost
烤面包机

rengöringsmedel
洗洁精

ugn
烤箱

frys
冰柜

soptunna
垃圾桶

diskmaskin
洗碗机

spis
....
炊具

kastrull
....
锅

järngryta
....
铸铁锅

wok / kadai
....
炒锅

stekpanna
....
平底锅

vattenkokare
....
水壶

ångkokare

蒸锅

bakplåt

烤盘

porslin

陶瓷锅

mugg

马克杯

skål

碗

ätpinnar

筷子

soppslev

长柄勺

stekspade

铲子

visp

搅拌器

durkslag

滤网

sil

筛子

rivjärn

磨碎机

mortel

研钵

grill

烧烤

brasa

明火

skärbräda

菜板

kavel

擀面杖

korkskruv

开瓶器

burk

罐子

burköppnare

开罐器

grytlapp

隔热手套

vask

水槽

borste

刷子

svamp

海绵

mixer

搅拌机

frys

冷藏箱

nappflaska

奶瓶

kran

水龙头

kök - 厨房

värme
供暖设备

dusch
淋浴

handduk
毛巾

duschdraperi
浴帘

bubbelbad
泡沫浴

badkar
浴缸

glas
玻璃杯

tvättmaskin
洗衣机

kran
水龙头

kakel
瓷砖

potta
便壶

vask
水槽

toalett

厕所

låg toalett

蹲便器

bidet

坐浴器

pissoar

小便池

toalettpapper

厕纸

toalettborste

马桶刷

tandborste

牙刷

tandkram

牙膏

tandtråd

牙线

tvätta

洗

handdusch

手持式喷淋头

intimdusch

冲洗器

handfat

洗脸盆

ryggborste

擦背刷

tvål

肥皂

duschgel

沐浴露

schampo

洗发水

trasa

法兰绒

avlopp

排水

crème

乳霜

deodorant

除臭剂

spegel

镜子

handspegel

手镜

rakhyvel

剃须刀

raklödder

剃须泡沫

rakvatten

须后水

kam

梳子

borste

刷子

hårtork

吹风机

hårspray

喷发定型剂

smink

化妆品

läppstift

唇膏

nagellack

指甲油

bomullsvadd

化妆棉

nagelsax

指甲剪

parfym

香水

necessär

洗漱包

pall

凳子

våg

计重秤

badrock

浴袍

gummihandskar

橡胶手套

tampong

卫生棉条

binda

卫生巾

kemisk toalett

化学厕所

väckarklocka
闹钟

gosedjur
毛绒玩具

leksaksbil
玩具车

skallra
拨浪鼓

dockhus
玩具屋

present
礼物

ballong
气球

säng
床

barnvagn
（洋娃娃用）婴儿车

kortlek
扑克牌

pussel
拼图

serietidning
漫画

legobitar

乐高积木

klossar

积木玩具

actionfigur

玩具人

sparkdräkt

婴儿服

frisbee

飞盘

mobil

床铃玩具

brädspel

棋盘游戏

tärning

骰子

modelljärnväg

火车模型

napp

安抚奶嘴

party

聚会

bilderbok

绘本

boll

球

docka

洋娃娃

spela

玩

sandlåda

沙坑

gunga

秋千

leksaker

玩具

spelkonsol

游戏机

trehjuling

三轮车

nalle

泰迪熊

garderob

衣柜

kläder

衣服

sockar

袜子

strumpor

长袜

tights

紧身裤

halsduk
围巾

paraply
雨伞

t-shirt
T恤

bälte
皮带

stövlar
靴子

tofflor
拖鞋

sneakers
运动鞋

sandaler
凉鞋

skor
鞋

gummistövlar
雨靴

underbyxor
内裤

BH
胸罩

linne
背心

kläder - 衣服

45

body

身体

byxor

裤子

jeans

牛仔裤

kjol

短裙

blus

女式衬衫

skjorta

衬衫

pullover

套头衫

sweater

卫衣

blazer

西装夹克

jacka

夹克

kappa

外套

regnjacka

雨衣

dräkt

套装

klänning

连衣裙

bröllopsklänning

婚纱

kostym

西装

nattlinne

睡袍

pyjamas

睡衣

sari

莎丽

slöja

头巾

turban

包头巾

burka

波卡

kaftan

卡夫坦

abaya

(阿拉伯式)长袍长袍

baddräkt

泳衣

badbyxor

男式泳裤

shorts

短裤

träningsoverall

运动服

förkläde

围裙

handskar

手套

knapp

纽扣

glasögon

眼镜

armband

手链

halsband

项链

ring

戒指

örhänge

耳环

mössa

便帽

galge

衣架

hatt

帽子

slips

领带

dragkedja

拉链

hjälm

头盔

hängslen

背带

skoluniform

校服

uniform

制服

haklapp
围兜

napp
安抚奶嘴

blöja
尿不湿

server
服务器

dokumentskåp
文件柜

skrivare
打印机

papper
纸

bildskärm
显示屏

mus
鼠标

skrivbord
办公桌

mapp
文件夹

tangentbord
键盘

papperskorg
废纸篓

stol
椅子

dator
电脑

kaffemugg
咖啡杯

miniräknare
计算器

internet
因特网

bärbar dator

笔记本电脑

brev

信件

meddelande

消息

mobiltelefon

手机

nätverk

网络

kopieringsapparat

复印机

programvara

软件

telefon

电话

vägguttag

插座

fax

传真机

blankett

表格

dokument

文件

köpa

买

betala

付钱

handla

交易

pengar

现金

dollar

美元

euro

欧元

yen

日元

rubel

卢布

schweizisk franc

瑞士法郎

renminbi yan

人民币

rupie

卢比

bankomat

提款处

växelkontor

外币兑换处

guld

金

silver

银

olja

石油

energi

能源

pris

价格

kontrakt

合同

skatt

税金

aktie

股票

arbeta

工作

anställd

职员

arbetsgivare

老板

fabrik

工厂

affär

商店

polis
警官

brandman
消防员

pilot
飞行员

läkare
医生

kock
厨师

trädgårdsmästare

园丁

snickare

木匠

sömmerska

裁缝

domare

法官

kemist

化学家

skådespelare

演员

busschaufför

公交车司机

taxichaufför

出租车司机

fiskare

渔夫

städerska

清洁女工

takläggare

屋顶工

servitör

服务员

jägare

猎人

målare

画家

bagare

面包师

elektriker

电工

byggarbetare

建筑工人

ingenjör

工程师

slaktare

屠夫

rörmokare

水管工

brevbärare

邮递员

soldat

士兵

arkitekt

建筑师

kassör

收银员

florist

花农

frisör

理发师

konduktör

售票员

mekaniker

机械师

kapten

船长

tandläkare

牙医

vetenskapsman

科学家

rabbin

拉比

imam

伊玛目

munk

和尚

präst

牧师

hammare
铁锤

tång
钳子

skruvmejsel
螺丝刀

skiftnyckel
扳手

ficklampa
手电筒

grävmaskin

挖掘机

verktygslåda

工具箱

stege

梯子

såg

锯子

spik

钉子

borr

钻机

reparera
修

spade
铲子

Helvete!
靠！

sopskyffel
簸箕

färgburk
油漆桶

skruvar
螺丝

musikinstrument
乐器

trummor
打击乐器 ◢

högtalare
扬声器

◣ kontrabas
低音提琴

trumpet
小号

gitarr
吉他 ◢

piano

钢琴

violin

小提琴

bas

贝斯

timpani

定音鼓

trumma

鼓

keyboard

电子琴

saxofon

萨克斯管

flöjt

长笛

mikrofon

麦克风

tiger
老虎

ingång
入口

bur
笼子

zebra
斑马

djurfoder
动物饲料

panda
熊猫

djur

动物

elefant

大象

känguru

袋鼠

noshörning

犀牛

gorilla

大猩猩

björn

熊

kamel

骆驼

struts

鸵鸟

lejon

狮子

apa

猴子

flamingo

火烈鸟

papegoja

鹦鹉

isbjörn

北极熊

pingvin

企鹅

haj

鲨鱼

påfågel

孔雀

orm

蛇

krokodil

鳄鱼

djurskötare

动物园管理员

säl

海豹

jaguar

美洲豹

ponny

矮种马

leopard

豹

flodhäst

河马

giraff

长颈鹿

örn

老鹰

vildsvin

野猪

fisk

鱼

sköldpadda

龟

valross

海象

räv

狐狸

gazell

羚羊

amerikansk fotboll
橄榄球

cykling
骑自行车

tennis
网球

basket
篮球

simning
游泳

boxning
拳击

ishockey
冰球

fotboll
英式足球

badminton
羽毛球

friidrott
田径

handboll
手球

skidåkning
滑雪

polo
马球

skratta
笑

hoppa
跳

krama
拥抱

gå
走路

sjunga
唱

drömma
做梦

be
祈祷

kyssa
亲吻

skriva
书写

rita
画

visa
展示

skjuta
推

ge
给

ta
拿

hagel

有

göra

做

vara

当

stå

站

springa

跑

dra

拉

kasta

扔

falla

摔倒

ligga

躺

vänta

等待

bära

携带

sitta

坐

klä på

穿衣

sova

睡觉

vakna

醒来

se på

看

gråta

哭

smeka

抚摸

kamma

梳头

prata

交谈

förstå

明白

fråga

问

höra

听

dricka

喝

äta

吃

städa

清理

älska

爱

laga mat

做饭

köra

开车

flyga

飞

aktiviteter - 活动

segla

航行

räkna

计算

läsa

读

lära sig

学习

arbeta

工作

gifta sig

结婚

sy

缝

borsta tänderna

刷牙

döda

杀

röka

抽烟

skicka

寄

mormor/farmor
祖母

morfar/farfar
祖父

pappa
父亲

mamma
母亲

baby
婴童

dotter
女儿

son
儿子

gäst

客人

moster/faster

阿姨

farbror/morbror

叔叔

bror

兄弟

syster

姐妹

kropp
身体

panna
前额

öga
眼睛

skuldra
肩膀

finger
手指

ansikte
脸

haka
下巴

hand
手

bröst
乳房

ben
腿

arm
手臂

baby
婴童

man
男人

kvinna
女人

flicka
女孩

pojke
男孩

huvud
头

rygg

背部

mage

肚子

navel

肚脐

tå

脚趾

häl

脚后跟

ben

骨头

höft

臀部

knä

膝盖

armbåge

手肘

näsa

鼻子

stjärt

屁股

hud

皮肤

kind

脸颊

öra

耳朵

läpp

嘴唇

mun
嘴

tand
牙齿

tunga
舌头

hjärna
脑

hjärta
心脏

muskel
肌肉

lunga
肺

lever
肝脏

magsäck
胃

njurar
肾脏

sex
性交

kondom
避孕套

äggcell
卵子

sperma
精子

graviditet
怀孕

menstruation

月经

vagina

阴道

penis

阴茎

ögonbryn

眉毛

hår

头发

nacke

脖子

sjukhus
医院

ambulans
救护车

rullstol
轮椅

benbrott
骨折

läkare

医生

akutmottagning

急诊室

sjuksköterska

护士

nödsituation

紧急情况

medvetslös

昏迷

smärta

痛

skada

受伤

blödning

出血

hjärtattack

心脏病发作

slaganfall

中风

allergi

过敏

hosta

咳嗽

feber

发烧

influensa

流感

diarré

腹泻

huvudvärk

头痛

cancer

癌症

diabetes

糖尿病

kirurg

外科医生

skalpell

手术刀

operation

手术

CT

CT

röntgen

X光

ultraljud

超声波

ansiktsmask

口罩

sjukdom

疾病

väntsal

候诊室

krycka

拐杖

plåster

石膏

bandage

绷带

injektion

注射

stetoskop

听诊器

bår

担架

termometer

体温计

födsel

出生

övervikt

超重

hörapparat

助听器

desinfektionsmedel

消毒液

infektion

感染

virus

病毒

HIV / AIDS

艾滋病

medicin

药物

vaccination

接种疫苗

tabletter

药片

p-piller

药丸

nödsamtal

急救电话

blodtrycksmätare

血压计

sjuk / frisk

生病/健康

Hjälp!

救命！

alarm

警报

överfall

突击

misshandel

攻击

fara

危险

nödutgång

紧急出口

Det brinner!

着火啦！

brandsläckare

灭火器

olycka

意外

förbandslåda

急救箱

SOS

呼救信号

polis

警察

Europa

欧洲

Nordamerika

北美洲

Sydamerika

南美洲

Afrika

非洲

Asien

亚洲

Australien

澳洲

Atlanten

大西洋

Stilla Havet

太平洋

Indiska Oceanen

印度洋

Antarktiska Oceanen

南冰洋

Arktiska Oceanen

北冰洋

Nordpol

北极

Sydpol

南极

Antarktis

南极洲

Jorden

地球

land

陆地

hav

海

ö

岛

nation

国家

stat

国家

urtavla

钟面

timvisare

时针

minutvisare

分针

sekundvisare

秒针

Vad är klockan?

现在几点？

dag

天

tid

时间

nu

现在

digital klocka

电子表

minut

分

timme

时

vecka
周

måndag
周一

MO

onsdag
周三

W 周三

fredag
周五

FR 周五

TU

tisdag
周二

TH

lördag
周六

SA

SO

torsdag
周四

söndag
周日

igår
昨天

idag
今天

imorgon
明天

morgon
早晨

middag
中午

kväll
晚上

MO	TU	WE	TH	FR	SA	SU
1	2	3	4	5	6	7
8	9	10	11	12	13	14
15	16	17	18	19	20	21
22	23	24	25	26	27	28
29	30	31	1	2	3	4

vardagar
工作日

MO	TU	WE	TH	FR	SA	SU
1	2	3	4	5	6	7
8	9	10	11	12	13	14
15	16	17	18	19	20	21
22	23	24	25	26	27	28
29	30	31	1	2	3	4

helg
周末

regn
雨

regnbåge
彩虹

snö
雪

vind
风

vår
春

höst
秋

sommar
夏

vinter
冬

väderprognos

天气预报

termometer

温度计

solsken

阳光

moln

云

dimma

雾

luftfuktighet

潮湿

blixt

闪电

åska

打雷

storm

风暴

hagel

冰雹

monsun

季风

översvämning

洪水

is

冰

januari

一月

februari

二月

mars

三月

april

四月

maj

五月

juni

六月

juli

七月

augusti

八月

september

九月

oktober

十月

november

十一月

december

十二月

former

形状

cirkel

圆形

kvadrat

正方形

rektangel

长方形

triangel

三角形

sfär

球体

kub

立方体

vit

白

gul

黄

orange

橙

rosa

粉

röd

红

lila

紫

blå

蓝

grön

绿

brun

棕

grå

灰

svart

黑

mycket / lite

很多/少许

arg / lugn

生气/平静

vacker / ful

美/丑

början / slut

首/尾

stor / liten

大/小

ljus / mörk

明/暗

bror / syster

兄弟/姐妹

ren / smutsig

干净/肮脏

komplett / ofullständig

完整/缺失

dag / natt

白天/晚上

död / levande

死/生

bred / smal

宽/窄

ätlig / oätlig

可食用/非食用

ond / god

邪恶/善良

upphetsad / uttråkad

兴奋/无聊

tjock / smal

胖/瘦

först / sist

第一/最后

vän / fiende

朋友/敌人

full / tom

满/空

hård / mjuk

硬/软

tung / lätt

重/轻

hunger / törst

饿/渴

sjuk / frisk

生病/健康

olaglig / laglig

非法/合法

intelligent / dum

聪明/愚笨

vänster / höger

左/右

nära / långt bort

近/远

ny / begagnad

新/旧

inget / något

没有/有些

gammal / ung

老/幼

på / av

开/关

öppen / stängd

打开/合上

tyst / högljudd

安静/吵闹

rik / fattig

富/穷

rätt / fel

对/错

grov / slät

粗糙/光滑

ledsen / glad

伤心/高兴

kort / lång

短/长

långsam / snabb

慢/快

våt / torr

湿/干

varm / sval

温暖/凉爽

krig / fred

战争/和平

0

noll

零

1

ett

一

2

två

二

3

tre

三

4

fyra

四

5

fem

五

6

sex

六

7

sju

七

8

åtta

八

9

nio

九

10

tio

十

11

elva

十一

12

tolv

十二

13

tretton

十三

14

fjorton

十四

15

femton

十五

16

sexton

十六

17

sjutton

十七

18

arton

十八

19

nitton

十九

20

tjugo

二十

100

hundra

百

1.000

tusen

千

1.000.000

miljon

百万

engelska

英语

amerikansk engelska

美式英语

kinesisk mandarin

普通话

hindi

印地语

spanska

西班牙语

franska

法语

arabiska

阿拉伯语

ryska

俄语

portugisiska

葡萄牙语

bengali

孟加拉语

tyska

德语

japanska

日语

jag

我

du

你

han / hon / den (det)

他/她/它

vi

我们

ni

你们

de

他们

vem?

谁？

vad?

什么？

hur?

怎样？

var?

哪里？

när?

什么时候？

namn

名字

bakom

后面

i

里面

framför

前面

över

上方

på

上面

under

下面

bredvid

旁边

mellan

中间

plats

地点